SALVE

SALVE

Aitana Monzón

Prólogo de Luis Alberto de Cuenca

ESPASA ES POESÍA

ESPASAesPOESÍA

Espasa, sello editorial
de Editorial Planeta, S. A.

Primera edición: febrero de 2025
Segunda edición: abril de 2025

Preimpresión: MT Color & Diseño, S. L.

Depósito legal: B. 1.261-2025
ISBN: 978-84-670-7589-2

Espasa, en su deseo de mejorar sus publicaciones, agradecerá cualquier sugerencia que los lectores hagan al departamento editorial por correo electrónico: sugerencias@espasa.es

www.espasa.com
www.planetadelibros.com

Impreso en España/*Printed in Spain*
Impresión: Liberduplex

Editorial Planeta, S. A.
Avda. Diagonal, 662-664
08034 Barcelona

PEFC Certificado
Este libro procede de bosques gestionados de forma sostenible
PEFC
PEFC/14-38-00305
www.pefc.es

A Jesús:
no abandonen las aves su soledad de higuera

daría

¿no tengo?

J. E. Cirlot

Atque vale

La filología nos enseña a leer mejor lo que estamos leyendo, descifrándonos los posibles secretos que oculta el texto mediante el sagrado ejercicio de la erudición, derivado del sentido común o de la jurisprudencia literaria que supone la bibliografía *ad hoc*. La ecdótica o crítica textual contribuye decisivamente a que el lector tropiece con un texto lo más aseado posible y, por ende, más próximo a la última versión que de ese texto ha dejado escrito el autor, que suele ser la preferida por este. La ecdótica está de moda, y en torno a ella giran muchos pesos pesados de la profesión filológica que se pasan la vida alterando puntuaciones, corrigiendo impericias que proceden en su mayor parte del copista o del editor o sirviéndose de conjeturas para rellenar los huecos con que el tiempo ha condecorado los manuscritos más antiguos o menos legibles, sin dejar de aplicar un solo instante la lógica más depurada y teniendo siempre en cuenta el contexto.

En *Salve* no hace falta que el ilusionista de guardia venga a nuestro despacho de anochecida a transformar la docta y admirable magia de los juegos poéticos de Aitana en piezas adocenadas y vulgares. Los versos de Aitana son enigmáticos, pero tan sugerentes y tan hipnóticos como un atardecer samoano en la isla de Vailima con Robert Louis Stevenson oficiando de narrador ante un grupito de nativos entusiasmados. Me gustan a rabiar los versos de Aitana porque no se parecen a ningún otro *work in progress* de gente de su edad. Porque con solo veinticuatro años ha alcanzado tal grado de madurez que, si uno piensa en ella, piensa también en Rimbaud o en Keats para ejemplificar su *modus operandi*, pero sin necesidad alguna de corroborar esa madurez con una muerte temprana (caso de Keats) o con la venta de fusiles usados en Etiopía (caso de Rimbaud).

Leer los versos de Aitana Monzón es una fiesta con vocación de futuro, una boda de campanillas en la que los relojes de los invitados apuntan al siglo XXII, un acto de anticipación tan evidente como sumergirse en las profecías del mismísimo Julio Verne. Pero dentro, ¡atención!, del más puro lirismo, sin que ni un solo atisbo de narratividad convencional turbe la atmósfera velada de cada poema, tan velada al menos como el maravilloso Cristo de Sanmartino que puede verse en Nápoles, en la Capilla Sansevero, y que tanto misterio encierra.

Salve, querida Aitana, por tu precioso libro salutatorio, al que ahora yo quiero añadir el *atque vale* necesario. *Salve*, querida amiga, y que sigas bien.

LUIS ALBERTO DE CUENCA
Real Academia de la Historia

A oscuras no parece que emita movimiento.
Toma conciencia de sí. Produce
el laudatorio arranque de la llama.
Hubo un tiempo en que el sol
trabajaba sus cirios.

Génesis de una poética: Tener sed quiere decir no tener ojos

Un dibujo de Toulouse-Lautrec. Costó que entrara por los ojos. Es una mujer elegante, con ese gesto de dignificación que trae la derrota. Unos guantes larguísimos. El rostro apuntando a lo de arriba con los párpados bajados y los brazos dejándose abatir. Esta postal, que preside mi escritorio, habla conmigo. Solo cuando he aceptado la conmiseración he comprendido a Yvette Guilbert. ¿Qué ocurrió con ella? ¿Qué la llevó a ese gesto? ¿Un largo darse a qué? ¿Al desgaste que sucede a esa gran interpretación entre el silencio y los aplausos? ¿Un largo darse, entonces? Es ese silencio en el que pienso. Pienso en la entrega desmedida. No sabría explicarlo. Vicente Gallego lo expone deliciosamente en *Ser el canto*: «porque ver es llenarse de nada en absoluto / y verse lleno de toda esta hermosura».

Esto busco incesantemente.

Ah, pero el lento existir de aquellos ojos. Si solo redujésemos la poesía a la visión, ¿en qué lugar la dejaríamos? Hablar tan solo de imágenes, símiles y sombras es no hablar del todo. Falta lo demás. Lo que no dice. El vaivén de las cosas. El fuego, el rumor, el aliento. Otra idea: dar importancia a lo que se intuye. La poesía es un baile sin origen ni forma. ¿Qué puedo decir que no haya leído antes? Lo que digo está preñado de símbolos y claves encubiertas. Es labor del lector indagar en ellos. Forma parte del acto comunicativo. Me refiero a lo arqueológico de la lectura. Fisgonear entre los fragmentos, acudir a lo que no se ha dicho, esa otra inclinación hacia los nombres, qué querrá decir aquel jacinto que amanece entre las páginas, a qué se debe ese ritmo, quién es realmente el *Señor.*

Francis Bacon aseveraba en una entrevista que no había pintado todas aquellas crucifixiones por una cuestión religiosa. «¿Por qué hombres inteligentes como T. S. Eliot o Claudel –se pregunta el pintor– eran creyentes?». Pensé durante años en esto.

Primera lección: no se crean nada de lo que les digan. No den nada por sabido. Aquel que escribe no es aquel que se duele del canto ni aquel otro que recibe los versos.

Leo estos días reseñas –rara vez encuentro críticas– que ensalzan la agudeza creadora de mi generación.

Veo lo sagaz, sí, también el resplandor del verso divino que se deja subrayar, sí, anoto la inteligencia, pero me sobra toda la teoría. Esta es la era de la pornografía. ¿Dónde está el velo, lo sinuoso? Recuerdo aquí las palabras tan sabias de mi abuelo: «Un poema ha de tener alma. Si no tiene, más vale no escribir». Este es mi dogma. No es oficio del poeta ser teórico, tampoco editor, tampoco crítico. El poeta es un artesano y debe conocer cuál es su tarea. Si se empeña en abarcar otras cuestiones es que no conoce la pulsión lírica. No es inteligencia, no es robótica, no es, ni siquiera, disciplina, ni remuneración, ni una afiliación o una tendencia. Recuerdo la voz de Constantino Molina –una noche en que leímos a Cernuda y hablamos de la imagen de la muerte*– diciéndome que la poesía consistía tan solo en esto: inteligencia, cultura y emoción. Busco a esta última obstinadamente y apenas la encuentro entre los vivos. Yo no quiero lucidez, quiero desgarro.

«Perder» procede del latín *perdere*, verbo a su vez formado por el prefijo *per-* y el verbo *dare*. Dar es

---

* Mi muerte es siempre así: imagino a un niño corriendo por un campo de trigo a pleno sol. Un pájaro atraviesa el cielo y arroja una piedra minúscula, un canto que da en su cabeza. Oímos su respiración agitada. La muerte es lo que ocurre en el golpe seco de la piedra.

perder. Procedo a perder mi escritura gestada en el silencio.

Amo lo que perdí.

Amo mis manos fatigadas de asombro. Amar, igual que escribir, es meditar constantemente. Para que yo dé he de creer en quien recibe y sostiene sus palmas huecas. Creo en la danza inextinguible, en la «voz / que se inclina / cómo / puede / romperse». Yo, como Juan Eduardo Cirlot, «daría / ¿no tengo?».

Los poemas que ofrezco a continuación son una extensión de mi pensamiento último con el diálogo de varias voces para mí fundamentales: la visión de Yvette Guilbert, el vals de Shostakovich, el fuego en Georges de la Tour, la sed de T. S. Eliot.

SOLILOQUIO DE DIDO COMO YVETTE GILBERT

Cartago (759 a. C.)

Siete palabras

I

Es inmensamente así:
Tuve la sed.

Tener sed quiere
decir pensar.

Yo tuve sed.

Fue aquí.
Donde acaba la duda.
Fue aquí.
La conmiseración.

II

Algo comienza a despedirse:

¿no es su mano que acude hacia lo verde?

No sé.
No son cosas que intuyo lo que digo.
Son esta gana
que parte desde atrás:
decidme si la veis.

III

Tener sed quiere
decir no tener ojos.

No precisar la luz.

Ya tuve un cuerpo.

¿Qué vale ahora cernirse sobre mi corazón?

IV

He dicho mi quietud.

Diré ahora
cómo se afana el surco,
con qué remedio acude
y busca y tiembla y gime,
se fatiga de labor,
ya rompe el día.

Yo quise para vos tanta salud
y siembra.

V

Juro que no busqué el silencio.

Quise su voz
sin pérdida.

Ya está.

Fue eso solamente.

Quise guardar su voz
enteramente así:

con sed.

VI

Algo comienza a despedirse.
Capaces serían de oírlo hasta las cosas.

VII

Tener sed significa
para siempre la noche de las crines.

No hacer colina ya
de estos mis ojos duros.

No dormir: o dormir.
Tan cierto irse en medio del amor.

Empecemos por esto:
no quiero lucidez,
quiero desgarro.

O lente, lente currite, noctis equi:
para siempre la noche de las crines.

TERMINA EL HABLA

Bohu

Fruta que madura al calor,
¿cómo vino a parar a mis manos?
¿no tomaron las aves su soledad de higuera?
¿qué palabra lleva la desnudez del fuego?

Aguas negras

No fue aquí el silencio. Hubo frío
en la cavidad antigua
de la psique. No fue tampoco
esa lluvia nocturna.
Aquel jardín sin símbolos.

Lo que se lleva la luz. Lo
que cae y hiere
en su caída.

*

No fue aquí el silencio.
Hubo golpes en las huellas del agua.

Mas no caer

Se sabe del dolor
porque se dice el rastro
de la pulpa. Importa
la caída del fruto,
su exactitud
deshabitando cuerpos.
No hay origen ni flecha posibles.
El dolor es decir y no caer.

Verdes de mirar

Con los ojos verdes de mirar
la culpa. Pues llevaba la noche
su cuero y sus cilicios.
Mía fue la longitud del hambre, mía
la obstinada hoguera.
Yo no pude detener su floración.
Tú traías un cuerpo
acribillado de sombras.

Calamidad

También fue mayo enhiesto
el nombre de la piedra. Desdecir
ahora su apertura.
No retener la voz.
No apagar mis ojos.
Traer a mi clavícula
el rojo de esa losa. Traer
calamidad. Traer auxilio.

Calcificaciones

Ved desde esta aurora
a qué huelen los calcios.
A qué el lento cuerpo de lo ido.
Lo que agónico
desiste en su vivir.

Nunca nada no

Donde nada lo nunca
y un fulgor de torres se derrama.
Donde infinito aguardo lenta
a mi casa de huesos.
¿Qué de esta luz podré decir
que sea mío?

Inmediato dolor
a qué viniste.

Aitana sin mar

Ascender hacia lo que no
posee cuerpo:
allí tener
la herencia del decir.
Una vez llegados,
saber que hay
silencio
pero no hay mar.
Saber que hay
palabra
pero no hay mar.
Ascender se convierte
en esta verdad incendiada.

Excelsior

termina el habla
ahora
lo que veo   lo que oigo:
ha pasado un puñal
y su fulgor
aturde

SARABANDAS

Sovegna vos

Con Thomas Stearns

¿Es necesario este saber
hacia donde descienden las liturgias?

¿Es necesaria esta voz
que vira hacia el mar
y desde el mar renuncia?

¿Es su vocación lo que busco?
¿La irreversible danza de los nombres?
¿Si acaso quemadura?
¿Si acaso lentitud?
¿Si acaso obstinación en la memoria?
¿Llegar tarde a decir lo que se intuye?

Sin embargo, volver
el rostro hacia las cosas,
al tiempo propicio de las cosas.

Esto no es, en el fondo, lo que busco.

Lo que busco es un mar inaprehensible.

No.
No es eso
(¿no es eso?)
          lo que busco

es abismarme de mirar
las voces que he amado
con estas manos mías fatigadas
de asombro. Estar
como se está
en lo agudo del mundo.

Saberme en mi principio y en mi quiebro.

Lo que puede ser
y no nombrado.
                    El hueco
sin final de lo que he
perdido.

Lo demás es rastro y abandono,
es cierto,
llegar aquí o allí
tomando como tiempo irredimible
el deseo y sus cruces.

¿Es necesario, entonces, lo que busco?
¿La danza de los nombres?
¿Su sed?

¿Saberme en mi principio y en mi quiebro?

Mas qué sé que haga suficiente
este estar rendida
de puro no poder saberle al canto,
no vagar más en círculos,
bregar con los sofismas de los dioses.

De qué modo vendré
si todo duele en mí como una luz que parte
con sonidos hermosos.

Oh, de qué modo decir
que en mí se vierte lo móvil y lo inmóvil.

De qué modo decir la gravedad
de mi amor por todo lo que tiembla.

De qué modo saber
Que aún se cierne el sol sobre el olivo
–si él lleva mi canto.

Bendita claridad
—me lo repito.

Bendita claridad.

Sarabanda amorosa

este fuego o clausura
qué es
a qué responde que me ofrece
y arrastra,
con qué inexactitud
abre caminos, luz
más luz si cabe:

no abrasa el lento devenir

a vos mis manos   Mon Sieur
a vos la lentitud de
mis manos
dormidas en el aire

¿es eso?
¿a vos la lentitud de mis manos
dormidas en el aire?
¿sobre los cuerpos mismos?
¿sobre los cuerpos?

Tous les matins du monde sont sans retour

Lo que trajo el invierno: oquedad,
bemoles,
el lento devenir de aquellos ojos.

Desde que anocheció
yo me entregué a la pátina
de ser en la demora del aire
y a un arco que bala sobre el fuego prendido.

Yo fui, Señor, en mi deseo
de darme
una boca en ausencia de su gesto.
Y fui el frío también y fui un
palacio sin gesta y fui,
¿qué fui?
nada más que el verbo
sin auspicio.

¿Qué me diste, Señor,
que solo pudo apenas una cuerda
suceder mi vientre?

Pero no traigo el filo
jaqueado, Señor, lo traigo hueco.
Hasta llegar al fin
lo traigo hueco,
pues esta longitud de antorcha
no es otra que el murmullo
repetido de mi carne.

Y a cambio,
¿qué os traje yo, Señor,
que no pueda advenirse?
Sobre mi espada sobre mi lirio
he adorado la balsa
del amor y tempestades
sin mí donde fulgía el canto.

Ahora tiendo en vos, Señor,
la raíz de mi sangre y pronuncio
la región enmudecida de todo.
Nada más: la región
enmudecida de todo
y digo ser el arco,
nada más:
pasión y senectud.

Y si el cuerpo dijera,
Señor,
caedle serenísimo.

[*Colinas; Quignard*]

Me vierais vos

Acaso que me vierais vos
en esta tarde de esta
sombra hermosa; poder saber
en ti la noche de la mar.

Siquiera ser el fuego
un mundo donde no.

Siquiera la belleza asir
aquello que dirime.

Apunte desde Bríndisi

¿hubo dolor en la región de Apulia?
¿mientras los nísperos ardían de sus fauces?
¿hicimos fruto con su golpe irrepetible?
¿llovió?
¿no llovió? ¿repicaron
las manos lo hermoso del mundo?
¿o te caíste de mí?
¿fue lo mejor acostumbrarse?
¿nicho 8527?
¿pudo todo ser tan solo así?
¿tan sola así?
¿te sostendrás, chérie?
¿te sostendrás?
¿saberse fue el amor?
¿fue el amor el nudo?
¿devastada si dejándote aquí?
¿aquí en la sombra de hormigón sin voz ni mar?
¿aquí donde no habita nada?
¿me serás, chérie?
¿me serás?
¿aquí donde no habita nada?

Diré a pesar mío

Diré a pesar mío la derrota.
¿Mas quién querría ser
el goce de la luz
sobre el arder del cuerpo?

¿Me destruí?
¿Así huyen los hombres?

Diré a pesar mío:
yo vi en tu silencio un lenguaje
atravesándolo todo.

Oda a Agrigento ante el hueco del olivo

No puede ser
que acabe aquí el deslumbramiento.
Tres pilares hendidos.
Tres palabras precisas
que no alcanzo a saber.

Me permito ahora que no me
escucha nadie
doler como se duele:
        en lo solo del limo.

El verdor de mis brazos.
Cómo acude la piel a herirse con la roca.

Cesar en el intento de llenar
los ojos de hermosura.

Pienso
        (no pienso.
        Pensar es existir)
el borde de las ramas saliéndose hacia el mar.

Pero mi voz no es
un mar ni un borde
ni un olivo:

todo eso importa a la belleza.

Yo no sé.

No puedo no decir
cómo abrasa el dolor
con el lance del mundo.

Mirar así las aguas,
tan lejos, obstinada
en lo blanco
        –como en Melville–

obstinada en mis dedos
colmados de hermosura.

¿Esto fue
acaso pudo ser aquí un cuerpo
entre los pólenes vencido?

Nada busco. Yo
no sé si busco.

Ni qué.
Tan solo tres
palabras
que llevarme a la boca.

Palpar en estos brazos
—en su piedra—
el surco
solícito del tiempo.

Y es verdad.
Y da goce decirlo:

Es ahora la luz.
Es ahora la luz.

SALVE.
SALVE.
SALVE.

Matinada

Yo debo
de este amor fortalecer el triunfo.

Del resto poco sé.
Tampoco escribo.

Estoy llegando al cuerpo abierto.

Despiértame –le digo–,
despiértame.

LA MANO: LA PALABRA

Der Anatom

Pienso en
lo que dice esa mano
del cuido.
Lo filoso rodando
por la cima del tórax.

El idioma del padre
        –o tal vez del esposo.

Callar ante la luz hirsuta de la muerte.

[*Max*]

Memento imaginal

forma es vacío. aceptas
no mirar a lo
que no sucede.
tal vez eso que buscas
se colme en su dolor.
pero el dolor no existe;
tampoco el pensamiento.
todo es idea
de algo que vino y no
se deja tocar. forma
es vacío entonces.

[*Handball*, Shahn]

El recién nacido

Sables de luz en la orilla del pecho.
Tan lejos ya decir un corazón.
Madre, no tengo
para dar más que muerte.

[*La Tour*]

Young spartans exercising

Éramos nueve
–dispuestos en la tierra
a darnos los unos en
los otros.

No andábamos desnudos
ni eran nuestros pechos sacrificio.

Yo no aprendí.
No supe detener
aquello que era mío y era hermoso.

Fue el sol.
Fue en ese sol de agosto
que un pájaro pasó y fue su canto
lo que aún puedes ver
                                        –su honda.

Existir y no
existir
y ya no padecer
la propia soledad.

El cuerpo de aquel joven
–que no, ya no brincó–
brillando sobre Esparta.

[*Degas*]

Tres estancias sobre Lucian Freud

I

Toda la tarde supe su llegada.
Sí. Ese
perfil que ya no reconozco.
Algo nos mira quedo
y sin rezar
lo que se rompe   —¿qué
es lo que se rompe?

Hacia la huida
hacia la huida.   volver

[*Hotel*]

II

Había amanecido.
Escarbé como pude
lo que me retenía.
¿A esto vine aquí,
a hacer valer la falta?

Soy yo la res rumiando su abertura.

Padre
deme sed   Tengo *de*
                    mamar.

[*Notting Hill*]

III

aprender a vivir
J. Talens

Cómo me llueve el cuerpo, por Dios, cómo no sé decir el agua que ha corrido de pronto con este oficio de llegar y darse –conozco su quietud–. Mañana intentaré tener el frío: no hoy; están mis manos callosas de temblar.

Se intuyen solamente los cuerpos desde fuera. El mar no lo es todo: también ellos turban y anegan cuanto aman. No hay soledad: todo acompaña, gira, se transmuta.

Tú que puedes mirar, avanza en ti la voz cuando regrese el día y el ánade en el alba diga que hoy no existe. Diré entonces mi amor: el cuerpo llega.

Jamás digan adiós quienes amen la noche.

[*Girl's Head, Fragment*]

Nastagio degli Onesti

No más que una doncella
que pidiese mi mano.

No más que ese cuchillo hurgándole
                                    –sabed–
su corazón.

No más que un gemido amplísimo
lanzado sobre Rávena.

Yo escribí
la misma luz de los mastines
y el sonido terrible de sus gárgaras.

Yo escribí
        –dixit Nastagio–
la misma sangre repetida:

pasión de los perros que reciben su canto.

[*Botticelli*]

Las incredulidades

oír en los silencios el ritmo pavoroso de los tiempos
M. Labordeta

I

No hay más que esa canción
que transfiere la noche.
Un pasillo de cruces
inútilmente abierto.

El hombre
que dice ser aceite
(¿Qué hombre iría hacia la carne?)

Esta piedra que ungida reclama su dolor.

II

Conque solo era carne,
                    ¿no lo ven?

Conque solo puñal
que erigir en la noche,
                    ¿lo ven, no?

Un hombre cuya sed,
un hombre cuya ortiga,
un hombre cuyo nombre derramados
                    ¿ven lo no?

[*Caravaggio*]

Las velas

¿hasta el mar vamos?
¿bestias que tiráis de mí?
¿lisonja o claridad que me derrota?
Señor, ¿qué hay
que todo os dice?
¿ser sujeto de velas?
¿de luz sobreponerse?
¿no anduve errante ya sobre la quilla?
¿no supe darme en vuelcos preteridos?
¿basta empujar los bueyes?
¿y cómo hacer de ellos?
¿vencí tanto dolor?
¿fui pez?
¿me esperan a nacer las otras aguas?
¿tanto amor pretendí que viera el mar?
¿Señor?
¿tanto mar pretendí?

[*Sorolla*]

EJERCICIOS

¿Cómo puede uno esconderse
de lo que jamás tiene ocaso?

CLEMENTE DE ALEJANDRÍA

Voy de mi tierra a mi tierra

Voz que revoloteó en mi carne
M. Darwish

hay que partir del fuego
para entender el fuego.
de nadie es mi canto
oh, voz que habito,
fueron los verbos un higo
preñado de jarchas.
mas yo no tengo verso que entregarte,
ni lumbres ni belleza.
si en una palabra cupiera un mar,
en una boca un lugar antiguo
y en un canto una zagala vadeara
sus alondras desiertas
para entender el fuego.
si pudiera decir que mis manos que
este amor quiere entender el fuego.
me entrego a esta nada que ocupo.
soy un olivo y vuelvo
a tu noche difícil.
sabré de dónde vienes, horizonte,
lugar,
beso lejano.
hay que partir del fuego para decir

el fuego.
¿sabré
dónde buscarte,
libertad?

[Poema escrito a raíz del genocidio palestino,
noviembre de 2023].

¿oyes?

no aguardar la palabra más temida u oscura.
la mano.
¿oyes lo que te entrego? ¿su temblor?
¿su roce de galantos?
eso es.
su roce de galantos.

Via dei Calzaiuoli

No hice fotos.
Ninguna.
Nadie puede decir que estuve allí
        (o sí –quizás
        algún pedazo de alma
        hayan robado).

¿A cuántos muertos hoy tendí la puerta?
¿Cuáles ahora colman de clicks a Botticelli
sin ver el golpe
de tabla en la esquina inferior?

Y yo, ¿qué vivo fui?
¿En qué brazos soñé que desfallecería
(sí, yo, sí, Matilde Urbach)?

¿De qué goce juré mi sangre eterna?

¿He conocido, amor, he conocido
lejano el manantial sin mí
de los jacintos?

¿Pasan los días y acaso ya la luz?
¿Y las manos?

¿Cómo después las manos de mirar
plantaron salvia?
¿Cómo es que está creciendo todavía?

¿Qué vivo fui, entonces?
¿Qué piedra escogerán,
qué sereno humo por entre el corazón?

¿Qué mar a mí?
Ô Salve Mare Hadriaticum?
¿Quemar a mí?
Ô Salve Mare Nostrum?

No hice fotos entonces,
quiero decir,
cuando *La Primavera.*

Mi muerte no tendrá
la grandeza del símbolo sagrado.

Lo siento, Kosk Yn Ta,
lo siento.

Sa Cala

El breve aliento del océano.
Un expandirse hacia la nada
y desde aquí otear los plásticos.
El leve caminar que lleva el pez.
Ser suficiente carne y suficiente belleza.
Un mar
que intenta desdecirse de lo humano.

Es julio.
Fue julio alguna vez sobre tu corazón.

Tant' trovare

Esto que no es siquiera el agua,
que no contiene siquiera
la yacente magnitud de lo que nombro.
Vivir en esta luz me basta.
Existir y no pensar a un mismo tiempo
sobre el quejido breve de la boira.

Volver a la masada

Peso cárdeno.
Lo que hubieras querido decir del higo cayendo.
Esa devastación.
Esa escena extraña de muerte.
Con tus manos llenas de mirar.
Es decir:
pregnante el golpe de lo vivo.

¿De éxtasis comulga mi Macbeth?

voraz como el principio fue la lucha:
los perros –sí– los
perros –el Uno sobre el
Otro– el Otro sobre el
agua   –¿qué dijeron?
¿qué gesto sucumbible?
–¿como dos nadadores extenuados
impidiendo su destreza?
–¿es eso? ¿nada más?
¿lo que queda del otro?
¿aquello que divide el esternón?
¿ese hilillo que limpia la noche de los cráneos?
¿fue esto siempre así?
¿una piedra que horadan con su nombre?
¿no hay más?
¿ni el momento preciso del derrumbe?
¿lo que dura la carne?
¿un sacro no saber?
¿que angosta la voz sobre la vida?

De las cosas que arden no queda sino el sol

Con Cesare Pavese

I

exterior. octubre.
porque el salmo *finisce* y no hay
otra virtud que suceder.
nunca hubo otro cuerpo
que no fuera ascensión.

de tanto por arder,
solo mis manos cóncavas
que todo lo repiten.

II

a callarse otra vez,
a verse desde fuera sin preguntas.

lo que aquí hay de mí
es una falta
–no se ve lo perdido–.

para qué esa palabra
que nada puede urdir.

III

e tutto ciò che vi assedia
brucerà –tranne
i vostri occhi.

Yo me destrozo en cada imagen para esconderme

H. Viel Temperley

Retourne-toi!

I

Señor: como agua vine,
como entrega de mí
a mí o liebre.

Señor: no es fe
lo que lamen mis manos.

II

¿Y no será
que escribo en mí a vos?

¿Y no será que intuyo
tu cuerpo pasadizo?

III

Clavad al fuego
mi voz y apagadme los ojos:

para siempre la noche de las crines.

Correspondencias

«Siete palabras» está dedicado a José Luis Allo y Evangelina Soltero, mis tíos del alma. Escribí la secuencia de la sed nada más terminar aquella lectura de Nothomb. «Aguas negras» es para María Domínguez del Castillo, *il miglior giglio.* «Calamidad», «Apunte desde Bríndisi» y «Excelsior» fueron compuestos en la marcha inconsolable de Alejandrina, mortal como el abrazo de las hoces. Esbocé «Nunca nada no» junto a la sombra de Juan Eduardo Cirlot, príncipe de Brabante. Compuse *«Tous les matins du monde sont sans retour»* de una danza que se me impuso desgarradora, en una mañana de invierno en la Biblioteca María Moliner de Zaragoza gracias a los silencios antiguos de Carlos García Mera. Aquella música me llevaría lejísimos. Para Laura Moreno es *«Tant' trovare»,* con el recuerdo de los patos sobre el Tormes. A Viviana Paletta entrego «Diré a pesar mío» teniendo muy presente la mala sintaxis. A ella agradezco todo lo humano y lo divino. A Carmen Gascón, mi *cultural lady,* viajera, cirlotiana y labordetiana, lego «Las incredulidades». Dedico «Oda a Agrigento ante el hueco del olivo» a Luis Alberto de Cuenca, caballero de Elsinor, escuchando a Schönberg. «Memento imaginal» y «*Der Anatom*» son para mi padre, obstinado siempre en enseñarme a *regarder encore*. «Las velas» es para Iris Irimia, su corazón acuático, místico, gelmaniano. «Tres estancias sobre Lucian Freud» y «Matinada» son para Álvaro Díaz Ventas, pájaro del alba. «*Via dei Calzaiuoli*» es para mi adorado Rober González, que aguantó mis escrituras bajo el sol del Adriático. Entrego «Sa Cala» a mi hermana en recuerdo de un mar que siempre nos espera. «Volver a la masada» es el duelo que cargo todavía. En el fondo, este libro busca desconsoladamente la voz de José Alegre, mi rilke. Todo lo que vino después de él no es más que silencio. Voy a permitirme transcribir lo último que supe de él:

> Aitana, cuida el silencio, el fuego, la quietud... La belleza... Diría más, cuida, sobre todo, el equilibrio entre tu espacio interior, ese espacio totalmente tuyo, y tu acción exterior. Es un equilibrio fundamental en la vida de una persona, y sobre todo de una persona que, como tú, quiere vivir de la belleza. Es la lucha de la vida misma. De ese interior, esa riqueza irá saliendo como una luz de amanecer la palabra.

Índice

Termina el habla

Sarabandas

La mano: la palabra

Ejercicios

¿cómo será, piedrita, llenar de mí el estanque?
¿llamarle fuego a tanta sed de vos?
¿dolor de vos por ver la tierra rota,
caliente, ennegrecida?
¿dolor de vos que me verás morir?

[Este libro se terminó de escribir en Toulouse,
en el luminoso otoño de 2024].